Taxi fahren

Satz: DTP-Dompteuse
Druck + Bindung: Himmer, Augsburg
2 3 4 5 02 01 00 99 98
Auflage Jahr
(jeweils erste und letzte Zahl maßgeblich)

ISBN 3-8231-1062-4

Dieses Buch wurde auf chlorfrei gebleichtem Papier gedruckt.

Taxi fahren

Ein fröhliches Wörterbuch für alle
haupt- und nebenberuflichen Taxikönige,
Mietwagen-Driver und alle taxi-
begeisterten Fahrgäste.

Von Bernd Poloczek
mit Zeichnungen von Jacek Wilk

Ausstiegsleuchte

abspringen	Synonym für die seltene Tatsache, daß ein Kunde den Superservice eines Unternehmens nicht mehr zu schätzen weiß und sich Trost bei der Konkurrenz sucht. Wir meinen: Man muß alles daransetzen, einen abspringenden Kunden von seinem Unterfangen abzuhalten! Dieser kann die unangenehmen Folgen einer solchen Entscheidung oft gar nicht richtig einschätzen; vor allem wenn der Absprung spontan und unüberlegt während der Fahrt erfolgt!
Anzeigefeld	Gut sichtbares Feld auf der Vorderseite des Taxameters, welches nach jeder Fahrt den Fahrpreis anzeigt und den Taxifahrer daran erinnert, daß es höchste Zeit wird, sich endlich einen lukrativen Nebenjob zu suchen.
auf der Spitze stehen	a) Das große Vergnügen, am Halteplatz ganz vorne zu stehen und sich auf einen lukrativen Fahrauftrag innerhalb der nächsten Minuten zu freuen. b) Das weniger große Vergnügen, feststellen zu müssen, daß der einzige Mensch, der den Halteplatz um drei Uhr morgens ansteuert, ein Nachtschwärmer ist, der sich erst eingehend nach den besten Nightclubs und den schärfsten Bars erkundigt und sich dann entscheidet, das unmittelbar hinter einem stehende Raucher-Taxi zu nehmen.
Ausstiegsleuchte	Vor allem in der feuchten und dunklen Herbst- und Winterzeit unverzichtbares Ausstattungszubehör eines Taxis. Schließlich kann man den Fahrern nicht zumuten, als Extraservice ständig je vier Paar Gummistiefel in allen gängigen Schuhgrößen bereitzuhalten.

Automatikgetriebe
Vorbeugemaßnahme gegen die bekannte Taxifahrer-Berufskrankheit „Kupplungsfuß“. Unverständlicherweise wird der Aufpreis für ein Automatikgetriebe bis heute nicht von den gesetzlichen Krankenkassen übernommen.

Auto-Tisch
An das Lenkrad zu hängendes Speisetablett. Sorgt dafür, daß ein Taxifahrer nach seiner Mittagsmahlzeit in einem bekannten Hamburger-Drive-In-Restaurant beim Fahrgast nicht den Eindruck erweckt, als arbeite er nebenberuflich auf dem Schlachthof.

B

„Bademantel“
Insider-Ausdruck für einen meist auswärtigen Fahrgast männlichen Geschlechts, der nach Ankunft in der fremden Stadt sich selbst erst einmal einen wohltuenden Saunagang mit individueller Schwitzbetreuung und den Taxifahrern unwissentlich eine nette kleine Provision seitens des zuständigen „medizinischen Bademeisters“ zukommen läßt.

Bahntaxi
a) Öffentlicher Nahverkehr von und zum Bahnhof auf Luxuslimousinen-Niveau.
b) Eine längst überfällige Erfindung, die endlich Schluß macht mit überfüllten, unkomfortablen und unpünktlichen Zügen! Richtig losgehen soll es mit dem Bahntaxi im kommenden Jahr, wenn die Automobilhersteller die technische Umstellung der Taxen auf die genormte Schienen-Spurweite von exakt 1435 mm im Griff haben werden.

Batterie
Seidener Faden, an dem fast alles hängt, was ein Taxi braucht, und der in aller Regel genau dann zu reißen pflegt, wenn man

„Bademantel“

Biodiesel-Taxi
TAXi

mitten in der Nacht gerade zur lukrativsten Fernfahrt seiner Taxifahrerlaufbahn aufbrechen will.

Berliner Museum für Verkehr und Technik

Sitz der zweitgrößten Taxischau der Welt. Die gigantischste, spritzigste, eindrucksvollste, schärfste und größte Taxischau ist übrigens täglich für jedermann 24 Stunden geöffnet und kann gegen ein geringes Entgelt besucht werden. Zur individuellen Vereinbarung eines Termins braucht man nur seine nächstgelegene Taxizentrale anzurufen.

Berufszufriedenheit

Die Hälfte aller Taxler beantwortet die Frage nach der Zufriedenheit in ihrem Beruf mit: „Ich mach' das natürlich nur vorübergehend! Ich höre mit der Taxifahrerei sehr bald auf!" Die meisten setzen ihr Vorhaben auch in die Tat um: in der Regel mit etwa 75 Jahren.

Betriebsnachweis

Allmonatlich auszufüllendes Formular, mit dem die Genehmigungsbehörde schwarz auf weiß prüfen kann, ob der Unternehmer zu der Sorte Taxler gehört, die rund um die Uhr arbeiten, oder ob er eher denen zuzurechnen ist, die 24 Stunden im Einsatz sind.

Betriebspflicht

Taxidriving round about the clock! Die „Betriebspflicht" meint im Grunde nichts anderes, als daß ein Taxiunternehmer seinen Großraumbus nicht für einen dreimonatigen Privaturlaubstrip ausleihen darf. Diese Regelung soll allerdings in Kürze ersatzlos abgeschafft werden, da es in den letzten fünfzig Jahren eh keinen einzigen Taxler gegeben hat, der sich solche Eskapaden hätte leisten können.

Biodiesel-Taxi

Sonderfahrzeug zur Beförderung grüner Abgeordneter von und zum Bundestag. Neben dem obligatorischen Biodieselmotor sollte dieser Wagen selbstverständlich auch mit Reifen der

Besohlungsfirma *„Roots“*, Türverkleidungen aus Bananenstaudenblättern und Sitzpolstern aus feinstem Hanf ausgestattet sein!

„Bitte anschnallen!“ Extrahinweis für Fahrgäste, die nicht glauben wollen, daß die Kosten für einen Abenteuerflug durch die Windschutzscheibe nicht im Fahrpeis inbegriffen sind.

Blinkgeber Der neuste Hit in punkto Sicherheit: Bei Gefahr im Verzug beginnt das auf dem Wagendach befindliche Taxischild zu blinken. Eine tolle Erfindung! Jetzt hat endlich jeder in der Umgebung des Taxis befindliche Mensch die Gelegenheit, rechtzeitig das Weite zu suchen, um eventuellen Unannehmlichkeiten von Anfang an aus dem Wege zu gehen.

Busspuren Sonderspuren, deren Benutzung in manchen Städten auch den Taxen erlaubt ist. Einer muß schließlich in der Lage sein, all jene Busfahrgäste, die ausnahmsweise einmal pünklich zu ihrer Arbeit erscheinen müssen, rechtzeitig einzusammeln.

C

Cabrio Aus völlig unverständlichen Gründen im Taxigewerbe in aller Regel nicht im Einsatz. Schließlich saßen die ersten Droschkenkutscher auch im Freien, und welcher Urlauber auf dem Weg zum Flughafen ließe sich nicht gerne von dem Extraservice „Sonne von Anfang an!“ zum Einsteigen animieren. Selbstverständlich sollten ausschließlich Cabrios mit Überrollbügel eingesetzt werden, damit das Taxischild seinen gewohnten Platz behalten kann.

CD Ja, es gibt sie tatsächlich, eine Werbe-Musikscheibe, die eigens mit Taxiliedern bespielt wurde und die sich prima dazu eignet,

Cabrio

Mitarbeitern, Kunden oder Freunden eine Freude zu machen. Hinweis: Der Produzent hat auf Nachfrage zugesagt, daß die geplante Folge-CD auf jeden Fall die beiden Klassiker „Ich wär' so gerne Millionär" und „Wenn ich einmal reich wär'" beinhalten wird.

City-Tarif

a) Für die Fahrgäste: Geschenk an Minigruppen, denen die Benutzung von Bus und Bahn einfach zu teuer ist.
b) Für den Taxiunternehmer: Das Steuersparmodell, das sich immer noch am besten bewährt hat: Verlust machen!

Cockpit

Zeitgemäße Bezeichnung des Armaturenbretts für Fahrer, die in ihrem Job so richtig abheben wollen. Wer sich heutzutage um eine Stelle als Taxi- oder Mietwagenfahrer bemüht, hat natürlich weitaus bessere Chancen, eingestellt zu werden, wenn er neben der üblichen Fahrpraxis ein paar Dutzend Flugstunden nachweisen kann.

Cupholder

Internationaler Ausdruck für den Getränkedosenhalter; jene geniale Erfindung, welche dafür sorgt, daß sich die Fahrgäste von Anfang an genauso wohl fühlen wie im Kino. Tip: Um den Kunden rundum zufriedenzustellen, reicht der erfahrene Fahrer seinen Fahrgästen zusätzlich Eiskonfekt und frisches Popcorn.

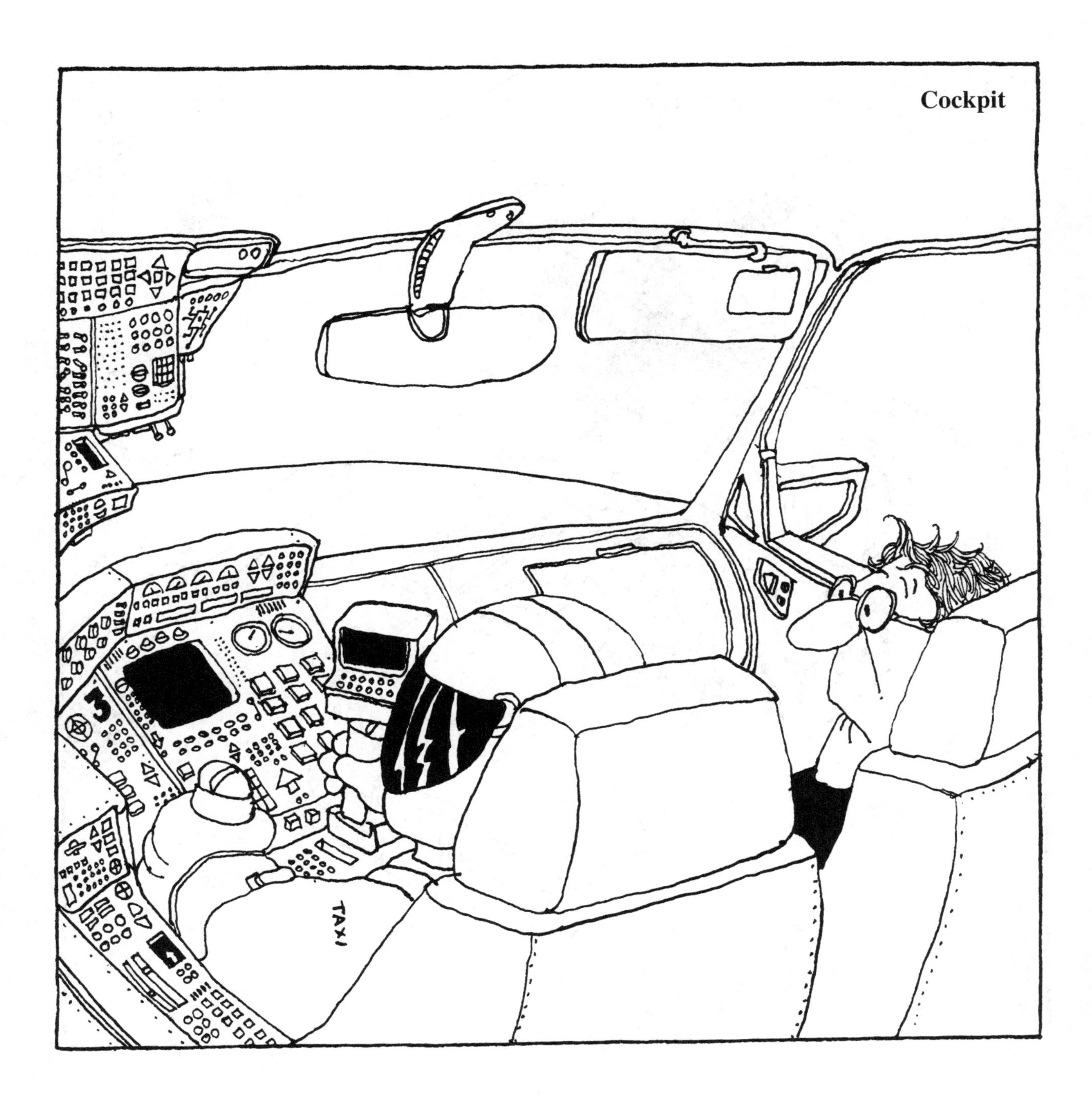
Cockpit
3
TAXI

Dachgepäckträger
TAXI
TAXI

D

Dachgepäckträger	Unverzichtbares Hilfsmittel beim Transport von mehr als zwei Bahnhofs-Fahrgästen. Schließlich würde es einfach zuviel unbezahlte Zeit kosten, vor Fahrtbeginn erst einmal einen Teil der Koffer auszupacken und die Klamotten gleichmäßig unter die Vordersitze, die Heckscheibe und schließlich den Reservereifen zu verteilen.
Datenfunk, stiller	Modernste Kommunikationstechnik zwischen Disponent und Fahrer, die dafür sorgt, daß die Taxifahrer sich heutzutage nicht mehr mit Bemerkungen seitens der Fahrgäste wie „Die Frau in der Zentrale hat aber eine sexy Stimme! Sieht die auch so gut aus?“ herumplagen müssen.
Dialysefahrt	Der Höhepunkt des Arbeitstages für all jene Taxifahrer, die eigentlich lieber einen Krankenwagen fahren würden.
„Die Freunde“	Code-Name für unsere netten grünen Männchen, jene radarbestückte Spezies, die einfach nicht einsehen will, daß es zuweilen Fahrgäste gibt, die keine Sightseeing-Schleichtour, sondern eine Eilfahrt, z. B. zur rasend eifersüchtigen Ehefrau, bestellt haben.
Dieselfahrzeuge, ältere	Das waren noch Fahrzeuge! Ältere Diesel sind schließlich die Taxen, die Fahrern und Kunden gleichermaßen während der ganzen Fahrt *heavy good vibrations* garantieren konnten.
Display-Montageplatz	Befindet sich bisher irgendwo zwischen Aschenbecher, Radio und Lüftungsschaltern. Die Taxiberufsgenossenschaften konnten jedoch durchsetzen, daß das Display ab sofort nur noch unmittelbar vor den Augen des Taxlers auf die Windschutzscheibe

montiert werden darf, da sich in der Vergangenheit zu viele Fahrer durch den stundenlangen Spagat der Augen zwischen Straße und Display ernsthafte, nicht mehr gutzumachende Schäden zugezogen haben sollen.

Disziplinarausschuß — Strafgericht bei Konfliktfällen, welches (wie man munkelt) stets nach demselben heiligen Grundsatz der Gerechtigkeit entscheiden soll: „Der Disponent hat immer recht!"

Droge — Abhängig machendes Mittel zur Rauscherzeugung. Leider muß immer wieder festgestellt werden, daß ein Großteil der Fahrer, insbesonders der Nachtfahrer, stark drogenabhängig ist. Das von den Taxifahrern bevorzugte Rauschmittel wird allerdings nicht geraucht, gesnieft oder gespritzt, sondern betankt, gestartet und gerollt.

Droschkenordnung — Rechtsverordnung, die neben den Details zu Dienstbetrieb und Betriebspflicht die Ordnung auf den Halteplätzen regelt. Hinweis: Das regelmäßige Einsammeln von Zigarettenkippen, das Laubfegen im Herbst und die Beseitigung von Öllachen werden durch die Droschkenordnung leider nicht geregelt.

„Düdeldüdeldülüd" — Vokabel aus der guten alten Zeit des bewährten Sprechfunksss, der heutzzzutage leider zzzu unserm großen krr ... Bedauerrrn ... sss ... krzz ... schrzz ... krrzzz ... düdelüdüü ... kräcks ... krrrrrrzzk ..

Droge
ER IST AUF HARTEM ENTZUG
TAXI

Einkaufstarif

E

Eigenwerbung	Wertvolle Informationsaufkleber wie z. B. „König des Asphalts, Manni mit der Ordnungsnummer 666“ oder ähnliches sind dem Taxiunternehmer leider untersagt. Nicht ausdrücklich untersagt ist natürlich eine individuelle Kundenwerbung während der Fahrt, wie z. B.: „Ich kenn' jede Straße in der Stadt!“, „Ich zeig' dir jetzt mal 'nen Schleichweg, den du garantiert noch nie gefahren bist!“ usw.
Einbahnstraßensystem, großstädtisches	Ständig von unseren Stadtplanern umgemodeltes Verkehrskonzept, welches dafür sorgt, daß manche Kurzfahrt länger dauert als der entsprechende Fußweg einschließlich Zwischenstopp in jeder der auf dem Wege liegenden Eckkneipen.
Einkaufstarif	Dumpingfahrpreise während der Einkaufszeit. Der neueste Unfug aus der Tarifmarketingkiste, der hoffentlich bald wieder in der Versenkung verschwinden wird. Schließlich ist es unseren eh schon über die Maßen belasteten Fahrern nicht auch noch zuzumuten, als neuen Standardservice bündelweise überfüllte Aldi-Plastiktüten herumschleppen zu müssen.
Ein-Mann-Unternehmen	An ein Naturwunder grenzende Spezies der Gattung Homo sapiens, die es offensichtlich in einem jahrzehntelangen Anpassungsprozeß gelernt haben muß, ihr tägliches natürliches Schlafbedürfnis betriebsgerecht auf die Warte- und Standzeiten am Halteplatz zu verteilen.
Erfolgserlebnisse	Des echten Taxifahrers tägliches Brot! Schließlich ist er der einzige Mensch auf der ganzen Welt, der vernünftig Auto fahren kann.

Ernährung

Entgegen anderslautenden Vorurteilen ernährt sich ein vielbeschäftigter Taxifahrer überaus gesund. Nehmen wir als Beispiel die Nährstoffanalyse einer typischen Taxifahrermahlzeit: Currywurst an Pommes frites in Mayonnaisensauce.

- Die Currywurst enthält mit ihrem ziemlich hohen Fleischanteil von mindestens drei Prozent die lebenswichtigen Vitamine B, S, E.
- Vor allem in der kalten Jahreszeit sorgen die Fritten, mit ihrem gesunden hohen Fettgehalt, für die lebenswichtige Speckschicht um Hüften und Bauch.
- Die Mayo garantiert dem Taxler, besonders in der ermüdenden Nachtschicht, mit ihrem ausgewogenen Cholesteringehalt einen ausreichend hohen Blutdruck.

Wir wünschen allen Fahrern weiterhin guten Appetit!

Erscheinungsbild, äußeres

Visitenkarte für jeden Taxi- und Mietwagenfahrer. Taxifahrer mit etwas ausgefallenerem Outfit sollten sich, um Unannehmlichkeiten zu vermeiden, vor Schichtbeginn unbedingt mit der Zentrale in Verbindung setzen. Schließlich kann es die erfolgreiche PR-Arbeit einer Taxigenossenschaft um Jahre zurückwerfen, wenn der einzige Fahrer des Bezirks mit Netzhemd und Black-Devil-Brusttätowierung versehentlich zum Abholen einer 80jährigen Oma aus ihrer mehrwöchigen Herz-und-Kreislauf-Kur eingesetzt wird!

Erste-Hilfe-Kasten

Rettendes Equipment in Notfällen. Der gutsortierte Erste-Hilfe-Kasten beinhaltet unter anderem eine Schere zum Ausschneiden interessanter Zeitungsartikel zum Thema Benzinpreiserhöhung, ein Sortiment Pflaster zum Festkleben wichtiger Notizen am Armaturenbrett sowie diverse Mullbinden zum regelmäßigen Putzen der Scheiben.

Erste-Hilfe-Kasten

Fahrgäste, kooperative

Erziehung

Es soll ihn immer noch geben: den Fahrgast, der bei Ankunft am Ziel mit „Sorry, meine Frau hat anscheinend heute morgen mein Portemonnaie eingesteckt!“ versucht, eine Freifahrt spendiert zu bekommen. Solch ein Problemchen löst der Vollprofi natürlich ganz locker: Einfach sofort Vollgas geben und samt Fahrgast zurück zum Abfahrtsort düsen, so daß man mit einem coolen „Macht nichts, wir sind ja auch noch nicht weit gekommen!“ das kleine Malheur schnellstens aus der Welt schaffen kann!

F

Fahrgäste, kooperative

Jene selten anzutreffenden Kunden, die bereit sind, dem Taxifahrer bei seiner aufopferungsvollen Arbeit tatkräftig zur Seite zu stehen (indem sie beispielsweise während der Fahrt auf nebensächliche Dinge wie rote Ampeln und scharfe Kurven achten), damit der Fahrer sich voll und ganz auf das Wesentliche seines Jobs konzentrieren kann: auf das Display seines Datenfunkgerätes!

„Fahr’n Se erst mal los!“

Etwas weniger präzise Zielortangabe seitens des Fahrgastes, die erfahrungsgemäß nach Ärger riecht. Wird vom klugen Taxifahrer am besten gleich mit „Steigen Se erst mal wieder aus!“ beantwortet.

Fahrpreis-Schuldanerkenntnis

Wichtige, vom Fahrgast zu unterschreibende Bescheinigung, die dem Taxiunternehmer die Übersicht behalten hilft, wieviel Geld genau er in den nächsten Wochen vergeblich hinterherrennen wird.

Fahrt klauen

Fahrgastentführung auf offener Straße. Wird nach Paragraph 1 der allgemeinen Taxiordnung mit körperlicher Züchtigung seitens des übervorteilten Kollegen nicht unter zehn Hieben bestraft.

Fahrzeugortung Big-brother-is-watching-you-Technologie, die eine völlig neue Dimension der Kommunikation in den Taxialltag bringen wird: Die Weitergabe wichtiger Informationen zwischen den Disponentinnen einer Zentrale wie z. B.: „Du Rosi, unser Aushilfsfahrer Klaus steht jetzt schon zwei Stunden in der Hauptstraße fest! Und das zur heißesten Tageszeit! Der hat da bestimmt 'ne neue Freundin!“ wären in früheren Zeiten, ohne computergesteuerte Fahrzeugortung undenkbar gewesen!

Falschgeld-Detektiv Kleines leuchtendes Maschinchen, mit dessen Hilfe der Fahrer seinen Kunden dezent darauf hinweisen kann, daß dieser die Kohle, die er in einen sündhaft teuren Farbkopierer investiert hat, besser in ein paar Dutzend Taxifahrten-Gutscheine gesteckt hätte.

Fehlfahrt Taxi da – Fahrgast nicht da.

Fenster-Reiniger Meist in Sprühflaschenform konfektioniertes Reinigungsmittel, welches das Frontglas vom Insektenfriedhof in eine ansehnliche Windschutzscheibe zurückverwandelt. Profitip: Der clevere Taxifahrer reinigt seine Scheiben natürlich werbewirksam, wenn er an der Spitze des Halteplatzes steht, schließlich gibt es für die deutsche Hausfrauen-Kundin kein vertrauenswürdigeres Wesen als einen Menschen mit frischgeputzten Fenstern.

Festpreis

a) Üblicher Fahrpreis für eine Fahrt zu Ostern, Weihnachten oder anderen hohen Feiertagen.
b) Einzig wahre, bisher nur den Mietwagenunternehmen gestattete Lösung des kundenvergraulenden Problems, daß man die Frage nach dem Fahrpreis zum Flughafen nur mit „Ganz

Fahrzeugortung

Flensburg

genau zwischen fünfunddreißig und fünfundsiebzig Mark" beantworten kann.

Flensburg

Residenz des vom Taxifahrervolk ungeliebten Königshauses LAPPENWEG, einer tyrannischen Herrscherfamilie, die ihre Steuern gnadenlos in Form existenzvernichtender Führerscheinentzüge eintreibt.

Flughafen

Außerhalb liegender Halteplatz im Lotto-System.
Großer Gewinn: Die Ankunft von zehn umgeleiteten Großraumfliegern aus Übersee erfolgt exakt gleichzeitig mit dem Beginn eines einstündigen Warnstreiks der öffentlichen Verkehrsmittel Bus und Bahn.
Niete: Nach zweistündiger Wartezeit am Halteplatz werden die oben erwähnten zehn Großraumflieger aus technischen Gründen unerwartet zu einem anderen Airport umgeleitet, und die soeben gelandete kleine Chartermaschine aus Mallorca entläßt nur einen Kegelclub für eine Ultra-Kurzfahrt zum unmittelbar am Flughafen gelegenen Stammlokal.

Fremdwerbung

Kleines Zubrot für die armen Taxiunternehmer in Form schöner großer Aufkleber auf den Wagentüren. Erlaubt ist alles außer Religion und Politik. Für letzteren Punkt sollte allerdings eine Ausnahme gelten, und zwar in Form einer Werbeerlaubnis für unsere großen Parteien. Schließlich ist hinlänglich bekannt, daß man deren Vierjahres-Theatervorstellungen nicht ernsthaft mit dem Wort Politik bezeichnen kann!

Freundlichkeit

Bekanntlich des Taxi- und Mietwagenfahrers größtes Kapital. Geheimtip: Damit besonders zufriedene Fahrgäste ihren persönlichen Fahrer für die nächste Tour wieder ordern können, hält letzterer am besten stets ein dickes Päckchen gelber Visitenkärtchen mit aufgedruckter Konzessionsnummer bereit.

Fünfundachtzig

Führerschein Klasse III Wird von der Zunft der Droschkenfahrer gemeinhin in zwei Güteklassen unterteilt:
Güteklasse 1A: Vorzufinden bei Führerscheininhabern, die gleichzeitig einen Taxischein besitzen.
Güteklasse Null Komma gar nix: Vorzufinden bei Führerscheininhabern, die ohne Taxischein am Straßenverkehr teilnehmen.

„Fünf-Sterne"-Taxi Ein überaus erfolgreiches Konzept aus österreichischen Landen. Konnte sich in Deutschland bisher nicht durchsetzen. Zwar dürfte es kein Problem sein, genügend angemessene Luxuslimousinen zu finden. Aber Menschen, die fließend gutes Deutsch plus mindestens eine Fremdsprache sprechen, dabei top gekleidet und über die Maßen hilfsbereit sind, über eine sehr gute Allgemeinbildung verfügen, ausgezeichnet fahren können und den Fahrgast von Herzen mit Lesestoff und Naschereien verwöhnen – solche märchenhaften Wundergeschöpfe bewerben sich hierzulande nicht als Taxifahrer, sondern als Fünf-Sterne-Hotel-Manager.

Fünfundachtzig Das durchschnittliche Alter, in dem ein Vollbluttaxifahrer so langsam daran denkt, daß es vielleicht sinnvoll ist, in zehn Jahren so langsam mit der Taxifahrerei aufzuhören.

35-Stunden-Woche Modernes Arbeitszeitmodell. Die in anderen Branchen hart erkämpfte 35-Stunden-Woche hat bei den Profi-Taxlern übrigens schon seit vielen Jahren Tradition, und das ganz ohne Streik und Arbeitskampf! Man darf sogar behaupten, daß das Taxigewerbe im Bemühen um diese moderne Aufteilung der vorhandenen Arbeit gleich doppelt erfolgreich ist:
Ein Taxler fährt seine ersten 35 Stunden montags bis mittwochs und die zweiten 35 Stunden donnerstags bis samstags.

Gelegenheitsfahrgast
TAXI
FAHREN !

Funkloch	Böse Falle, in welche man natürlich immer genau dann hineinfährt, wenn einem der Disponent gerade die weiteste Fernfahrt des ganzen Jahres anbieten will.
Funkwerkstatt	Besserungsanstalt für bockige Funkgeräte, die sich aus heiterem Himmel und ohne Angabe von Gründen weigern, mit der Zentrale zu kommunizieren.

G

Gas	Umweltfreundlicher und Steuern sparender Treibstoff. Ideal für Taxi- und Mietwagenunternehmer, die großen Wert auf eine garantierte regelmäßige Versorgung mit Fernfahrten legen, und sei es nur für das Nachtanken an der nächstgelegenen Gas-Tankstelle.
Geburt, anstehende	Der Transport weiblicher Fahrgäste, die bereits in den letzten Wehen liegen, ist nicht nur im Kino immer wieder ein echtes Abenteuer. Schließlich kann sich am (Stau)ende herausstellen, daß es doch besser gewesen wäre, wenn der Chef das bewährte amerikanische Taximodell von *Kreißler* beschafft und seiner Mannschaft zusätzlich ein Wochenendseminar in Geburtshilfe spendiert hätte.
Gelegenheitsfahrgast	Spezies, die panische Angst davor hat, daß der Taxifahrer einige Zentimeter Umweg fahren könnte, sich daher an jeder Kreuzung in die Route einmischt und sich nach der Fahrt wundert, daß diese dreißig Mark teurer ausgefallen ist als bei Freunden, die die gleiche Strecke am Abend zuvor mit dem Taxi gefahren sind.

Gelegenheitsverkehr	Fachbegriff für das Aufnehmen von Individual-Fahrgästen am Halteplatz oder auf Bestellung über die Zentrale. Neben der Arbeit als Dialyse-Fahrer, Schulfahrer, Geschäftsfahrer und anderen den Lebensunterhalt sichernden Tätigkeiten immer noch die zeitraubendste Wohltätigkeitsbeschäftigung für einen Taxiunternehmer.
Geschäftserfolg	Frage eines Taxifahrers an den anderen: „Wie läuft das Geschäft?“ Einzig richtige, Tageseinnahmen-unabhängige Antwort: „Heute total schlecht!“ Schließlich will man sich nicht vor all den anderen leidenden Kollegen eine Blöße als krasser Außenseiter geben!
Geschäfte, krumme	Sollen üblen Gerüchten zufolge tatsächlich mitunter sogar auf dem Rücksitz von fahrenden Taxis getätigt werden. Leider konnten sich die Fahrer bisher nicht zu diesen unglaublichen Vorfällen äußern, da sie sich bekanntermaßen zur Sicherheit ihrer Kunden während der Fahrt ausschließlich auf den Verkehr konzentrieren.
„Glatteis“	Verschlüsselter Code unter den lieben Kollegen zur gegenseitigen Warnung vor Radarfallen. „Glatteis“-Warnungen erzielen erfahrungsgemäß beim Fahrgast die beste Wirkung, wenn man gerade kurz zuvor alle vier Scheiben heruntergekurbelt hat, da die eingebaute Klimaanlage unter dem diesjährigen Jahrhundertsommer, mit Temperaturen von 35 Grad und mehr, einfach total zusammengebrochen ist.
GmbH	Genossenschaften mit begrenzter Haltbarkeit.
GPS	Das GPS-System ermöglicht nicht nur die Ordnung eines Fahrzeugs, sondern auch die automatische Auftragsvergabe per

Geschäfte, krumme
TAXI
GESCHÄFTE

Gurttrenner
TAXI
MEIN GURT!
MEIN GURTTRENNER!
MEIN FAHRGELD!!

Computer und Satellit. Eine Erfindung, die dazu geführt hat, daß nur noch der Himmel weiß, wann man seine nächste Fahrt bekommt.

Großraumtaxi

Ideales Ersatzfahrzeug
a) für Taxifahrer, die ihren alten Traum vom Busfahren nicht aufgeben wollen;
b) für eine Minigruppe Kunden, die beim Blick auf den Bus-Fahrplan geträumt und den letzten soeben verpaßt haben.

Gründe, triftige

Unabdingbare Voraussetzung, eine Fahrt verweigern zu dürfen. Im Dienste des Kunden setzt die Beförderungspflicht hierbei sehr strenge Maßstäbe: Mutmaßlichen Räubern darf höchstens bei vorgehaltener Pistole die Fahrt verweigert werden, mitgeführte Pitbull-Terrier müssen mindestens eine Woche ohne Nahrung gehalten worden sein, und Betrunkene müssen ihre Absicht, Currywurst und Bier im Wagen abzuladen, klar und deutlich angekündigt haben!

Grünflächen-Amt

Hüter des Grases, denen man, wenn es z. B. um den Bau einer kleinen Abbiegespur für Taxifahrer durch einen völlig verdreckten schmalen Mittelstreifen geht, jeden teerverschmierten Halm einzeln abtrotzen muß.

Gummimatte

Überbodenschutz. Verrutscht garantiert immer genau dann, wenn ein Fahrgast einsteigt, der kurz zuvor tief in einen dampfenden Haufen frischen Hundeglücks getreten ist.

Gurttrenner

Praktisches Messerchen, das dem Fahrgast im Notfall ein schnelles Entgurten ermöglichen soll. Hinweis an die Fahrgäste: Bereits angelaufende Hauptfilme im Kino und zu spätes Erscheinen beim Rendezvous zählen nicht zu den oben erwähnten Notfällen!

Halteverbot, absolutes

H

Halteverbot, absolutes

Hinweis am Halteplatz, der die dort widerrechtlich haltenden, alle Taxen behindernden Pkw-Fahrer darauf aufmerksam machen soll, daß sie das äußerst gefährliche Risiko eingehen, von einer der halbjährlich vorbeischauenden Politessen freundlich aufgefordert zu werden, ihr Fahrzeug bitte irgendwo anders abzustellen.

heiraten

Ja, das Taxifahrerleben hat zuweilen auch eine romantische Seite, z. B. wenn sich zwei Turteltäubchen während der Fahrt auf dem Rücksitz den heiligen Bund der Ehe versprechen. Eine solche Angelegenheit fordert vom Fahrer natürlich außergewöhnlich viel Feingefühl beim Bremsen und Anfahren. Schließlich soll die romantische Fahrt nicht damit enden, daß der Verlobungsring in eine Ritze irgendwo zwischen Mittelkonsole und Vordersitz kullert und die Hochzeit erst stattfinden kann, wenn ein findiger Mensch das gute Stück aus dem Staubsaugerbeutel einer Car-Wash-Anlage herausgefischt hat.

Hellelfenbein

a) Bekannte genormte Farbgebung für Taxen, die dokumentieren soll, daß man in diesem Job manchmal wirklich eine verdammt dicke Elefantenhaut braucht.
b) Taxi-Farbgebung, die den Wiederverkaufswert des Wagens auf dem Privat-Gebrauchtwagenmarkt auf den eines Matchboxautos reduziert.

Hochzeitskleid

Meist sehr langes Kleidungsstück, welches vor dem Schließen der Wagentüren sorgfältig eingeholt werden muß, damit das kostbare Stück auf dem Weg zur Kirche nicht versehentlich die Arbeit der städtischen Straßenreinigung übernimmt.

Hochzeitskleid

„Hof-Fotograf“	Grüngekleideter Radar-Profi, dessen Job es ist, unaufgefordert Porträts von Taxifahrern an ihrem Arbeitsplatz zu schießen und dieselben anschließend, zu völlig überzogenen Preisen und gekoppelt an ein paar vollkommen nutzlose Punkte in Flensburg, in Rechnung zu stellen.
HP	Heißt nicht etwa „Habe Power!“, „Haschisch-Päuschen“ oder „Hitchhiking-Posten“. HP bedeutet schlicht und einfach Halteplatz.
Hunde	Müssen in der Regel mitbefördert werden. Hierzu zwei aktuelle Hinweise des deutschen Taxi-Bundesverbandes: Die guten alten eisernen Wadenschützer von Eisenherz für die Fahrt und der extrascharfe „Anti-Sabber-Aktivschaum“ von Tölentod für die anschließende Polsterreinigung haben sich in der Praxis am besten bewährt, um in diesem Job nicht vollends auf den Hund zu kommen.
190er	Legendäres Mini-Benz-Taxi aus den 80ern, das für exakt fünf Personen ausgelegt war: 1 ½ Personen hinten; 1 ½ Personen vorne (inklusive Fahrer); 2 Automechaniker für die Betreuung rund um die Uhr.

I

Imagepflege	Das A und O für eine erfolgreiche Zukunft des Taxigewerbes. Erfolgt a) äußerlich: mit Wasser, Seife, Haarwaschmittel und einem dezenten Rasierwasser bzw. Parfüm; b) innerlich: mit einem für alle Fahrer verbindlichem Wochen-

endseminar mit dem Titel „König Kunde, dein Herr und Gebieter!“

Individualität Bei der individuellen Innenraumgestaltung eines Taxis sollte man sich keine Grenzen setzen! Praxistip: Westernfreaks, die ihren Schaltknüppel in Colt-Ausführung gewählt haben, sollten ihre Fahrgäste beruhigend darauf hinweisen, daß alle Schußverletzungen durch die Insassen-Haftpflichtversicherung abgedeckt sind.

Instinkt Untrügerischer siebter Sinn eines erfahrenen Taxi-Drivers. Unverzichtbar, um aus tausendundeins Menschen, welche auf dem Gehweg herumstehen, genau denjenigen herausfischen zu können, der sich in der nächsten Sekunde für eine Fahrt mit dem Taxi entschließen wird.

IRU
a) Internationale Transportunion.
b) Friedliebender Arm der irischen Taxifahrergenossenschaft.

J

Jaguar Das einzig wahre Taxi, das Träume wahrmacht:
a) beim Fahrgast, der auf britische Eleganz, höchsten Luxus und Komfort vom Feinsten nicht verzichten will;
b) beim Taxiuntenehmer, der schon immer von einem Wagen geträumt hat, der 24 Stunden vollbesetzt im Einsatz ist;
c) bei den Tankstellenpächtern, die sich darüber freuen dürfen, daß ihre Kasse bereits beim ersten Anblick des durstigen 86-Liter-Tanks fröhlich zu klingeln beginnt.

Jugend, heutige In 95 Prozent aller Fälle unhöflich, geldgeil, unsozial, egoistisch und durch und durch charakterlos. Hinweis am Rande:

Imagepflege

NICHT DRÄNGEN! EINER NACH DEM ANDEREN!
TAXI
TAXI
TAXI
TAXI
TAXI
TAXI

Junk-Food

Die übrigen fünf Prozent entscheiden sich in aller Regel für den Taxifahrerberuf.

Junk-Food

Klassische Ernährung für Taxler, die ständig von einem derart starken Verlangen nach der nächsten Fahrt geplagt werden, daß sie sich nicht einmal mehr die Zeit nehmen, etwas Anständiges zu kochen.

K

Kennung

Auch als Ordnungsnummer oder Konzessionsnummer geläufiges Identifikationsmerkmal für jedes einzelne Taxi. Hilft dem Fahrgast, daß seine Anrufe bei der Zentrale, wie z. B. „Gestern bin ich mit einem jungen Mann gefahren, der fuhr wie ein junger Gott! Den will ich heute auch haben!“ und „Ich habe vergessen, der hübschen Taxifahrerin von heute morgen meine Privat-Telefonnummer zu geben. Könnten Sie mir sagen, wie die junge Dame hieß?“, möglichst schnell ihr Ziel erreichen.

Kindersitze

Müssen ab sofort in jedem Taxi vorhanden sein. Um die zu erwartenden Platzprobleme im Kofferaum bei gleichzeitiger Gepäckmitnahme zu bewältigen, sind natürlich großzügige praxisnahe Sonderregelungen vorgesehen, wie beispielsweise die Erlaubnis, die Kids auf dem Dachgepäckträger mitnehmen zu dürfen.

Klima-Sitz

Autositzüberzug, der dafür sorgt, daß man in der heißen Jahreszeit nach Schichtende nicht einige kräftige Kollegen braucht, um seinen festklebenden Body vom Fahrersitz zu trennen.

Knie, rechtes

Gelegentliche Handablage für besonders zuwendungsbedürftige Kundinnen und Kunden.

Kofferraumspanngurt	Preiswertes Spezialteil, welches bei allzu viel anfallendem Gepäck jede Limousine in wenigen Sekunden in einen fetzigen Open-Air-Kombi verwandelt. Hinweis: Vor einer Fahrt mit geöffnetem Kofferraum unbedingt die Zentrale informieren! Die Damen und Herren in der Disposition können dann schon mal ein paar Wäscheleinen aufspannen, um im Falle eines unerwarteten Grußes von Petrus dem Kunden einen schnellen und unkomplizierten Gepäcktrocknungsservice anbieten zu können.
Kombi	Spezialfahrzeug für Taxler, die keine Lust haben, wegen drei Koffern und zwei Reisetaschen erst einmal eine hochkomplizierte Volumenberechnung durchführen zu müssen, um das Gepäck überhaupt mit Ach und Krach im Kofferraum verstaut zu bekommen.
Konkurrenz	Der Taxifahrer hat keine Konkurrenten, sondern nur liebe Kollegen! Auch das vielgerügte gegenseitige „Wegschnappen" von Fahrten ist genau betrachtet nichts anderes als eine vollkommen verdrehte Darstellung des einen großen gemeinsamen Ziels: Jeder Kunde muß so schnell wie möglich bedient werden!
Konkurs	Todesengel in Shakespeares bekanntem Taxi-Drama „König Kunde".
Kopfstützenkappe, transparente	Idealer Werbeträger, mit dem der Taxiunternehmer ein paar Mark nebenbei verdienen kann. Schließlich gibt es nichts Wirkungsvolleres als eine Werbung, die dem hinten sitzenden Kunden bei jeder Vollbremsung direkt und ohne Umwege in den Kopf knallt.
krankfeiern	Wegen eines kleinen Schnüpfchens den ganzen lieben langen Tag im Bett zu verbringen, sollte für jeden anständigen ange-

Kofferraumspanngurt

stellten Taxifahrer absolut tabu sein! Schließlich haben die Automobilhersteller weder Kosten noch Mühen gescheut, damit ein Fahrersitz im Bedarfsfall in Liegeposition zurückgeschraubt werden kann.

Kreditkarten-Zahlung Plastikgeld-Cash. Die bargeldlose Zahlung sollte sich im Taxigewerbe endlich bundesweit durchsetzen, damit es sich in den einschlägigen Kreisen möglichst schnell herumspricht, daß ein Raubüberfall bestenfalls das angebrochene Päckchen Zigaretten des Fahrers und auf besonderen Wunsch eine Übersicht über die Tageseinnahmen aus dem angeschlossenen Drucker bringt.

Kunden teilen Jetzt ist es offiziell und amtlich: Viel zu viele Taxi- und Mietwagenfahrer müssen sich viel zu wenige Kunden teilen. Wir meinen: Das Teilen von Kunden muß endlich ein Ende haben! Denn wenn diese Spirale sich fortsetzt, gibt es schon bald überhaupt keine Kunden mehr, da diese bei einer solchen Prozedur im Grunde kaum eine Überlebenschance haben.

Kurierfahrt Ja, es gibt ihn wirklich: den Fahrgast, der niemals wegen deiner Route meckert, keinen Alkohol getrunken hat, deinen Fahrstil nicht kritisiert, dich nicht mit seiner langweiligen Lebensgeschichte behelligt, weder tonnenweise Gepäck mit sich herumträgt, noch dein Taxi besudelt und sich für die Fahrt sogar mit einem alten verrosteten Opel Kadett C zufriedengibt: den Fahrgast namens „Brief“.

Kurzfahrt Kleine Tour, großes Reizthema! An dieser Stelle einmal klipp und klar unser Standpunkt zu diesem heißen Eisen: Bei aller Einsicht in die Notwendigkeit von Service und Dienst am Kunden denken wir doch, daß eine gesetzliche Regelung nach der Faustformel „Die Länge der Fahrt sollte die des Taxis nicht unterschreiten“ ein guter Kompromiß wäre!

Kunden teilen

L

Ladekante

Vom Taxihersteller eingebaute Barriere, die vermutlich dafür sorgen soll, daß Taxifahrer, die einen Wagen mit großvolumigem Kofferraum fahren, nicht als Spediteur für Kühlschränke, Fernseher oder überdimensionierte Mäusekäfige mißbraucht werden.

Landfahrer

Taxifahrer, der es gewohnt ist, daß
a) die Zielangabe seiner Fahrgäste „An der dritten Ampel können Sie mich rauslassen!" durchaus zur längsten Fahrt der ganzen Woche werden kann;
b) der Wunsch „Bitte bringen Sie mich an das andere Ende des Ortes!" gelegentlich dazu führt, daß man dem Kunden besser anbietet, das Taxi stehen zu lassen und ihm statt dessen beim Gepäcktragen zum nur wenige Meter entfernten Zielort behilflich zu sein.

Langstreckenfahrten

Touren, bei denen selbstverständlich auch die gesetzlich vorgeschriebenen Pausenzeiten vom Kunden bezahlt werden müssen. Leider ist das natürliche Recht des Fahrers, seine Fahrgäste für diesen Zeitraum spazierengehen zu schicken, um auf dem Rücksitz in Ruhe ein Nickerchen machen zu können, noch nicht gesetzlich geregelt.

Ledersitze

Sonderausstattung für Taxen. Vermitteln
a) dem Fahrgast ein Gefühl von Eleganz, Luxus und (Sitz-) Sicherheit vor eventuell außer Kontrolle geratenden Sprungfedern;
b) dem Fahrer ein Gefühl von Eleganz, Luxus und (Abwisch-) Sicherheit vor außer Kontrolle geratenden Alkoholmischungen mit den dazugehörigen Gyros-mit-Fritten-Portionen.

Langstreckenfahrten
TAXI

Leistungsmißbrauch	Unfeiner Ausdruck seitens der Behörden für den weniger erlaubten, aber um so beliebteren traditionellen Kundenservice „Uhren aus, Preise runter“.
Leseleuchte	Nacht-Service-Technik für a) Fahrer, die am Halteplatz nicht mit ihren Kollegen ... b) Fahrgäste, die im Wagen nicht mit ihrem Fahrer ... ... über das Wetter oder den Fußball philosophieren wollen.
Linksabbiegeverbot	Umsatzsteigernde Maßnahme seitens der Stadtplaner, welche die von uns Taxlern ungeliebten Kurzfahrten ein für allemal der Vergangenheit angehören läßt.
„LKW“	Insiderausdruck für das Großraumtaxi. Praxistip: Für Sammel-Rückfahrten von Weinfesten, Kegeltouren und ähnlichen Veranstaltungen mit hohem Alkoholleichenaufkommen hat sich der gute alte LKW von Hanomag bestens bewährt; allerdings nur das Modell mit der offenen Frischluftpritsche.
London	Nicht nur der Einsatzort der berühmten London-Taxen, sondern auch die Stadt, in der den Kunden gegen Aufpreis Taxifahrten in Luxuskarossen angeboten werden, deren Fahrer ihren Dienst mit Anzug und Krawatte versehen. Leider konnte sich die letztgenannte geniale Idee, einen solchen Modeservice auch bei uns – natürlich in ausgefeilterer Form – anzubieten, noch nicht so recht durchsetzen. So könnten die Fahrer z. B. nach Rockkonzerten mit einem verschärften Heavy-Metal-Outfit aufwarten oder nach einem Theaterabend die Fahrgäste mit einer barokken Lockenperücke entzücken.
London-Taxi	Das Nonplusultra für die Fahrer und die Fahrgäste. Minimaler Wendekreis, Klimaanlage, Trennscheibe, Zuverlässigkeit, gute

„LKW“
TAXI
TAXI
TAXI

Luftentgifter
TAXi
TAXi

Straßenübersicht usw. usw. Hierzulande auf dem Festland leider recht selten anzutreffen. Aber schließlich muß man auch unsere Fahrer verstehen, die sich in Zeiten von dichtem Verkehr, Streß, und strengsten Polizeikontrollen einfach ein wenig schwer tun mit dem Linksverkehr.

Lotsenfahrt

Promille-Service für Kunden, die ihren Wagen lieber für eine kurze Fahrt in fremde Hände, als ihren Führerschein für lange Monate an die Polizei geben möchten. Voraussetzung für eine erfolgreiche Lotsenfahrt ist allerdings, daß der Fahrgast nicht soviel französischen Rotwein genossen hat, daß er seinen roten Ford Capri mit dem daneben parkenden Ferrari und seine Adresse nicht mit der von Michael Schumachers Ferienwohnung in Monaco verwechselt.

Löwen-Taxi

Power-Name für den traditionsreichen Taxiverband Leibzsch. Das Vorhaben anderer Genossenschaften, dieser orginellen Idee zu folgen und ihr Logo z. B. mit einem energiestrotzendem „Tiger-Taxi“ zu zieren, kann leider erst in die Tat umgesetzt werden, wenn der zuständige Kraftstofflieferant ESSO sein Tankstellennetz flächendeckend ausgebaut hat.

Luftentgifter

An die Zigarettenanzünderbuchse anzuschließendes Maschinchen zur Neutralisierung luftverpestender Partikel wie sie häufig in überdosiert aufgetragenen After-Shaves, einschläferndem Büromief bei Feierabendfahrten und teergeschwängerten Klamotten von Sperrstunden-Fahrgästen vorkommen.

M

Medikamente

Chemische Gesundmacher. Dürfen vom Taxi- und Mietwagenfahrer niemals in Tropfenform eingenommen werden, da dies einen schwerwiegenden Verstoß gegen die für Taxifahrer geltende 0,0001 Promille-Verordnung bedeuten würde.

Messe

Einwöchige Veranstaltung in einer Großstadt. Die Zeit, in der man sich, je nach Thema der Messe, sieben Tage und Nächte daran erfreuen darf, mit Dreivierteln aller Kunden über Werkzeugmaschinen, Damenoberbekleidung, Fettabsaugegeräte oder Computerchips zu philosophieren.

Modellautos

Ideale Möglichkeit für Lohnfahrer größerer Taxiunternehmen, die ihren Chef mit der kleinen Randbemerkung „Hey Boß, ich hab' ein bißchen gespart. Ich besitze bald mehr Taxen, als Sie je haben werden" schocken möchten, ohne schamlos lügen zu müssen.

Modellversuch

a) Tausendundeinste Erfindung unserer Tarif-Spezialisten, welche den Kunden ins Taxi und den Unternehmer in den Ruin treiben soll.
b) Der Versuch eines weniger namhaften Automobilherstellers, den Taxlern sein neuestes Modell schmackhaft zu machen. Scheitert daran, daß sich der Wagen am vorgesehenen Übergabetermin noch auf dem Fließband befindet.

Motordroschke

Hundert Jahre altes Taxigefährt, welches man auch heutzutage ohne nennenswerte Nachteile in seinen Fahrzeugpark aufnehmen kann. Mehr als die damaligen 25 Kilometer pro Stunde fahren unsere hochgezüchteten modernen Stau-Einspritzer heute auch nicht!

Messe
TAXI
TAXI
TAXI
TAXI

Motor, erster Taxi-Antrieb bei jenen unglaublichen Autolegenden, die 750 000 Kilometer Laufleistung und mehr bringen, ohne daß die Maschine einmal ausgetauscht werden mußte. Die Automobilindustrie hat in diesem Zusammenhang allerdings zugesichert, daß solche Ausrutscher in Zukunft nicht mehr vorkommen werden, und daß man sich bei neueren Modellreihen auf die eingebauten Sollbruchstellen besser verlassen können wird.

N

Nachtfahrer Die letzten wahren Helden in unserer zivilisierten Welt. Schließlich gibt es keine andere Branche, in der man so hautnah mit Schattengestalten aller Couleur in Berührung kommt wie beim Taxifahren. Und es gibt auch kein anderes Gewerbe in der ganzen Welt, in dem es einem z. B. passieren kann, daß man nachts um vier versucht, zwei international gesuchte Unterweltbosse so unauffällig wie möglich Richtung nächste Polizeiwache zu kutschieren, aber leider dort niemals ankommt, weil zwei grünbekleidete Berufsanfänger sich stundenlang daran festbeißen, daß man ein Stop-Schild nicht in gebührender Weise beachtet habe.

Nichtraucher-Taxi Frischluft-Modell. Nichtraucher-Wagen sind in der Regel am Halteplatz bereits von weitem daran zu erkennen, daß der Aushilfsfahrer frierend und schlotternd vor seinem Taxi steht und vergeblich versucht, seinem Feuerzeug trotz eisigen Windes ein Flämmchen zu entlocken, während die Kollegen ihr Pausenzigarettchen gemütlich im beheizten Wagen schmauchen.

Notizblockhalter Unverzichtbares Zubehör in der Alltagspraxis, z. B. zum Aufrechnen der Trinkgelder, Notieren von Telefonnummern jener

Motor, erster

Nullkommanull

Fahrgäste, die man bei Gelegenheit zum Essen einladen will oder zum Schiffeversenken-Spielen mit einem lieben Kollegen in der Wartezeit am Halteplatz.

Notrufsäule

SOS-Kästen, welche sich, wie die Praxis bereits gezeigt hat, hervorragend mit einer Taxirufsäule kombinieren lassen. Schließlich ist für schwere Alltagsnotfälle, wie plötzlicher Platzregen, ausbleibender Linienbus oder Sehnsucht nach Freund oder Freundin eh nicht die Polizei, sondern die nächstliegende Taxizentrale zuständig.

Notrufsystem, satellitengestütztes

Speziell für Taxifahrer entwickeltes Notrufsystem, das ein SOS erst mal 'gen Himmel schickt, damit noch vor der Polizei zuerst ein Schwarm eifriger Schutzengel alarmiert wird.

Nullkommanull

a) Geschäftsgewinn eines durchschnittlich laufenden Taxiunternehmens (laut Angaben des Inhabers).
b) Dem Taxi- und Mietwagenfahrer erlaubte Alkoholmenge, gemessen in Promille. Diese vom Gesetzgeber vorgegebene strenge Grenze ist natürlich absolut praxisfern! Schließlich reichen allein die Nacht für Nacht über die Lunge aufgenommenen Ausdünstungen der nächtlichen Fahrgäste aus, um jedes Promille-Meßgerät – auch ohne einen Tropfen getrunken zu haben – locker zum Explodieren zu bringen.

O

Oldtimer

Fahrzeuge wie beispielsweise der berühmte Daimler „/8" und der legendäre Citroen DS sind die absoluten Fahrgastmagneten am Halteplatz! Fazit: Je älter das Fahrzeug, desto größer die Attraktivität! Leider hat sich das Vorhaben eines deutschen großstädtischen Taxiunternehmers, seinen Fuhrpark zur Erhöhung des Fahrgastaufkommens ab sofort durch Pferdedroschken zu ersetzen, wieder zerschlagen. Der moderne Verkehr hat die Pferde derart nervös gemacht, daß der arme Taxler am Ende die zahllosen Bußgelder wegen „Überschreitens der Höchstgeschwindigkeit mit durchgehenden Gäulen" einfach nicht mehr bezahlen konnte.

ÖTV

Öffentlicher-Taxifreunde-Verein, der es sich zur Aufgabe gemacht hat, alle paar Jahre mit bestens organisierten Streiks alle Busse und Bahnen zum Stehen zu bringen und auf diese Weise unseren Taxifahrern ein wenig unter die Arme zu greifen.

P

Personenbeförderungsschein

Auch unter dem Namen P-Schein bekannt, wobei das P die Bereiche „Personenbeförderung", „Personen das Gepäck schleppen", „Personen höflich die Wagentür öffnen", „Sich von Personen das Ohr abschwätzen lassen", „Personen-Gemotze ertragen" und „Personen stets recht geben" als allgemein gültiges Kürzel zusammenfaßt.

Pflichtfahrgebiet

Feste Tarifzone, in der es dem Taxifahrer
a) nicht erlaubt ist, Preise frei zu vereinbaren;
b) nicht verboten ist, dem Fahrgast für das nächste Mal wärm-

ÖTV
ÖTV
ÖTV
STREIK
ÖTV
WIR STREIKEN
DANKE!
DANKE!
TAXI
TAXI
DANKE

Polizei
TAXI
DAS WAREN 2 KM/H ZU SCHNELL

stens die dem eigenen Unternehmen angeschlossene Mietwagenfirma zu empfehlen.

PME

Pflanzenölmethylesther. Treibstoff für jene berühmten, besonders umweltfreundlichen Taximodelle, die man in der Speiseölabteilung eines jeden gutsortierten Supermarkts betanken kann.

Polizei

Bis auf wenige Taxifahrerhasser (die lieber hundert tiefer gelegte Kamikaze-Alkohol-Raser unbehelligt vorbeiheizen lassen würden als einen einzigen Taxifahrer, der versehentlich mit dem linken Vorderrad kurzzeitig eine durchgezogene Linie berührt hat, ungestraft davonkommen zu lassen) meist ein wohlgesonnener Freund und Helfer.

Polsterung

Langzeitspeicher für ausgekaute Kaugummis, aus dem Mund gefallene Gummibärchen und herabtropfende Pommes-Sauce.

Pünktlichkeit

Unverzichtbar für den guten Ruf des Taxi- und Mietwagengewerbes. Braucht als Voraussetzung allerdings die übersinnliche Fähigkeit des Zentralisten, rechtzeitig zu erkennen, daß man auf den frühabendlichen Anruf eines Kunden „Ich brauch' dringend ein Taxi für zehn nach sieben!" diesem nicht erst am nächsten Morgen einen Wagen vorbeischicken darf.

R

Regenguß

Petrus' Liebesgruß von oben, der

a) nach seiner langen Reise durch den Himmel natürlich meist genau dann bei uns ankommt, wenn wir unser Taxi soeben aus der Waschanlage gefahren haben;
b) von 99,9 Prozent aller Autofahrer als ultimative Aufforderung zum Einlegen des Schleichgangs mißverstanden wird.

Rücksitz
TAXI
HOTEL
HOTEL
HOTEL
HOT

Rollo

Sonderausstattung für Taxler, die ihren Fahrgästen bei Bedarf eine gewisse Intimsphäre bieten möchen. Schließlich kann es sich nicht jeder Kunde leisten, nach einem spontanen Heiratsantrag während der Taxifahrt sämtliche, in unmittelbarer Nähe im Stau stehenden, zuschauenden Verkehrsteilnehmer als Trauzeugen einzuladen.

Rückruf-Aktion

Oft die letzte Rettung für den guten Ruf eines Automobilherstellers nach den ersten Monaten harter Bewährungsprobe einer neuen Modellreihe. Leider konnten sich die deutschen Taxifahrer bis heute nicht mit ihrer Forderung durchsetzen, bei allen Taximodellen die üblichen kurzlebigen Weicheisen-Türscharniere durch Qualitäts-Küchenschrankgelenke eines bekannten schwedischen Möbelhauses zu ersetzen. Diese sind, im Gegensatz zu den Produkten der Automobilindustrie, bekanntlich nicht nur äußerst preiswert, sondern auch in tausenden Studentenzimmern extremen Praxis-Langzeit-Verschleißtests unterzogen worden, bevor sie endgültig für den Markt freigegeben wurden.

Rücksitz

Nicht nur der passende Sitzplatz für weniger gesprächsfreudige Fahrgäste, sondern mitunter – besonders in den späten Abendstunden – auch die universelle Allzweckpritsche z. B. für allzu ungeduldige Liebespaare. Leider ist es den Taxifahrern nicht gestattet, während der pikantesten Minuten das Taxameter auf die in Stundenhotels üblichen Spezialtarife umzustellen.

Schafe, schwarze

S

Sammeltaxi

Der einzig bekannte Bus, der seinen Fahrgästen nicht ständig vor der Nase wegfährt.

Sanduhr

a) Historischer Zeitmesser.
b) Taxameter nach dem Transport eines Fahrgastes von der alljährlichen Midnight-Beachparty nach Hause.

Schafe, schwarze

Selbstverständlich gibt es, wie in jeder Branche, auch bei uns schwarze Schafe, die aufgrund ihres Verhaltens dem guten Ruf des Gewerbes schaden. Unsere Meinung zu diesem brisanten Thema: Fahrgäste, die nicht einmal in der Lage sind, ein Schaf von einem gestandenen Taxifahrer zu unterscheiden, und womöglich sogar zu diesem in den Wagen steigen, haben unseres Erachtens wirklich ihr Unglück in großem Maße selbst zu verantworten!

Schirmherr

Der große Beschützer vor Unheil. Beim Taxigewerbe sind zwei Arten von Schirmherrschaften von besonderer Bedeutung:
a) die des Bundesverkehrsministers über die Taxifahrerstiftung Deutschland;
b) die der ungezählten Fahrer über ihre Kunden.
Nachtrag: Die Schirmherrschaft a) gilt in der Regel für eine ganze Legislaturperiode, die Variante b) gilt nur bei starkem Regen während des Ein- und Aussteigens.

Schwarzfahrt

a) Taxifahrt in den guten alten Sechzigern, einer Zeit, in der unsere Wagen noch nicht mit den hellbeigen Farbpigmenten eines Elefantenstoßzahns lackiert waren.
b) Ökologisch und ökonomisch optimale Ausnutzung von Leerfahrten. Leider verwehren die Finanzämter nach wie vor ihre

Zustimmung zu diesem äußerst revolutionären betriebswirtschaftlichen Modell.

Semester, vierzigstes Offizieller Status eines studentischen Taxifahrers mit zwanzig Jahren Berufserfahrung.

Sensormatte Im Beifahrersitz integrierter Gewichtsfühler, der im Fall eines eigentlich harmlosen leichten Auffahrunfalls verhindert, daß der Beifahrer-Airbag aktiviert wird und die auf dem Sitz abgestellte, randvoll mit frischem Kaffee gefüllte Thermoskanne dem Fahrer samt heißem Inhalt mit einem großen Knall um die Ohren geschleudert wird.

Service Wird bei den Taxifahrern natürlich ganz groß geschrieben! Dem Fahrgast die Wagentüre öffnen, das Gepäck tragen und während der Fahrt die Lebensbeichte abnehmen sind Selbstverständlichkeiten, die wir gar nicht weiter erwähnen möchten. Auch eine kleine Stadtführung mit Hinweisen auf unbekannte Radarfallen und Schleichwege ist normalerweise im Fahrpreis inbegriffen. Dem zuweilen an unsere männlichen Kollegen gerichteten Wunsch „Sie sind so ein hübscher junger Mann, darf ich Sie noch zu einer Tasse Kaffee bei mir zu Hause einladen?" zu entsprechen, ist allerdings eine Serviceleistung, die nach Paragraph 69 der Droschkenordnung leider nur weiblichen Fahrgästen zwischen dem zwanzigsten und dreißigsten Lebensjahr angeboten werden kann.

Sicherheits-Schutzhaube Anti-Räuber-Schutzschild in Form einer an die Rückenlehne montierten Kunststoff-Halbschale. Konnte sich bisher nicht so recht durchsetzen. Schließlich würde nur eine rundum geschlossene Haube mehr als nur den schlechten Atem der im Fond sitzenden Fahrgäste abschirmen und tatsächlich effektiven Schutz bieten, so daß die Taxler sich noch ein wenig gedulden

Schwarzfahrt
SCHAU SOHN, EINE SCHWARZFAHRT!
TAXI

Sitzheizung

müssen, bis die Probleme mit der Sauerstoffversorgung bei einer solchen Konstruktion endgültig gelöst sein werden.

---

siebter Sinn Untrügerisches Gespür des Taxifahrers, ob der Kunde während der Fahrt seine Lebensbeichte ablegen, lieber schweigen oder die Lebensbeichte des Fahrers hören möchte.

Silvester Für jeden Taxifahrer zweifelsohne der allerschönste Tag des Jahres. Dem Autor ist jedenfalls kein anderes Datum bekannt, an dem einem Taxler alle Menschen auf der Straße eine ganze Nacht lang voller Freude heftig zuwinken!

Sitze, verstärkte Unverzichtbare Investition für Taxler, welche den andauernden Schadenersatzforderungen seitens der Kundschaft wegen „Intramuskulärer Federspiral-Hämatome nach einer Taxifahrt“ endgültig aus dem Wege gehen möchten.

Sitzheizung Extra-Ausstattung, die

a) dem Taxifahrer während seiner Arbeit so richtig Feuer unterm Hintern macht;
b) in der Winterzeit dafür sorgt, daß der Fahrer sich keine Blasenerkältung zuzieht. Schließlich sehen nur wenige Kunden ein, daß man ein Taxameter nicht alle fünfhundert Meter ausschalten darf, nur weil man zwischendurch mal dringend in die Büsche springen muß.

Sitz, höhenverstellbarer Eine geniale Erfindung, die dafür gesorgt hat, daß größere Fahrer nicht nur bei geöffnetem Schiebedach arbeiten und kleinere Fahrer nicht nur mit einem lichtstarken Periskop fahren können.

Skifahrer-Service *Richtig ist:* Es gibt tatsächlich ein Gebiet, in der die Mitnahme von Skiern auf dem Dachgepäckträger des Taxis eine Selbstverständlichkeit ist: beispielsweise unsere schönen Alpen. *Unzutreffend ist:* Die Nord- und Ostsee sind Gegenden, in denen die Mitnahme von Surfbrettern, Liegestühlen und Sonnenschirmen auf dem Dachgepäckträger ebenfalls eine Selbstverständlichkeit ist.

---

soziale Funktion Schlagwort für die einfache Tatsache, daß ein Taxifahrer pro Jahr durchschnittlich 50 Ehekräche schlichtet, 10 Selbstmorde verhindert, 100 gestreßte Manager in ein Entspannungsparadies fährt und vor allem: 10 000 Fahrgäste davor bewahrt, sich womöglich in unnötige Gefahr zu begeben, indem sie sich in das Taxi eines Kollegen setzen.

Spikes Wir fordern seit Jahren: Spikes müssen bei Glatteis dem Taxifahrergewerbe wieder freigegeben werden, um den ständigen Ärger mit Taxametern, welche die durchdrehenden Räder fleißig Kilometer für Kilometer abrechnen, obwohl sich das Fahrzeug keinen Millimeter fortbewegt, endlich loszuwerden!

Stadtplan, sprechender Synonym für am Halteplatz stehenden Taxifahrer.

Stammkunde Häufig und gerne gesehener Gast, der einen Vorteil und einen Nachteil hat:
Vorteil: Man kennt den Fahrgast und weiß bereits vor der Fahrt, auf welchen Gesprächsstoff man sich einstellen darf.
Nachteil: Man kennt den Fahrgast und weiß bereits vor der Fahrt, auf welche alten Geschichten und Anekdoten man sich einstellen muß.

Stehkiosk Taxifahrer-Spezialcafé, aus dem man sich im Falle eines Funksignals aus der Zentrale sofort mit einem Hechtsprung in seinen Wagen begeben kann.

Stadtplan, sprechender

Steuerschraube	Taxi-Kleinunternehmer-Vernichtungs-Schraube. Die Steuerschraube ist übrigens die einzige Schraube, die nicht in der Werkstatt, sondern im Finanzministerium mit einem Spezial-Großmaulschlüssel angezogen wird. Leider konnte sich der Bundes-Taxiverband mit seiner Forderung, daß die Steuerschraube nur von Finanzministern angezogen werden darf, die eine mindestens dreijährige Taxi-Fahrpraxis nachweisen können, nicht durchsetzen.
„Stimmt so!“	Aufrundung des Fahrpreises seitens des Kunden. Tagtäglicher Beweis für die vielfach zu hörende Klage, daß die Mehrheit der Bevölkerung nicht einmal die einfache Zehnprozentrechnung beherrscht. Anders ist es nicht erklärbar, daß ein Kunde, der die vom Taxameter angezeigten 34,40 DM auf „Vierunddreißigfünfzig, stimmt so!“ gerundet hatte, sich später bei der Zentrale beschwerte, der undankbare Fahrer hätte sich nicht ausreichend für das großzügig bemessene Trinkgeld bedankt.
Strukturkrise	Längst aus dem modernen Sprachgebrauch verschwundenes, vollkommen veraltetes Schlagwort aus dem zweiten Jahrtausend, jener legendären historischen Periode, in der die Berufsbezeichnung für unser Gewerbe noch *Taxifahrer* und nicht *Alles-aus-einer-Hand-Komplettdienstleister* hieß.
Studenten	Ideale Nachtfahrer. Schließlich sind Studenten die einzigen Taxifahrer, die den fehlenden Schlaf, ohne daß es weiter auffällt, tagsüber im Hörsaal nachholen können.
Symbolschilder, selbstklebende	Wichtige Hinweise an den Fahrgast, z. B. nach Möglichkeit seine Mayo-verschmierten Finger möglichst nicht an den Sitzen abzuwischen oder ein schmelzendes Softeis, wenn es eben geht, auf die eigene Hose tropfen zu lassen. Hinweis: Je humorvoller

Symbolschilder, selbstklebende

die Symbolschilder gezeichnet sind, desto besser ist ihre Wirkung. Erinnern wir uns nur an jenen legendären Aushilfs-Nachtfahrer, der sich während der Faschingszeit den Scherz erlaubt hatte, neben „Nicht rauchen!“ und „Kein Eis essen!“ ein Piktogramm mit dem Titel „Männer, bitte nicht im Stehen pinkeln!“ auf die Scheibe zu kleben.

T

Tag-und-Nacht-Führer In den meisten Großstädten erhältliches Freizeit-Gebetbuch. Soll in Kürze in einer komprimierten Taxifahrerversion auf den Markt kommen und als neue Prüfungsgrundlage für den P-Schein die bisher übliche, aber völlig veraltete Ortskundeprüfung endgültig ersetzen.

Taschentücher Meist im Handschuhfach untergebrachtes Tempo-Schnupper-Paket für Kunden, die entweder

a) von einer Gräserpolle, die sich durch die Filtermatte gezwängt hat, oder
b) von der Freundlichkeit und Höflichkeit des Fahrers zu Tränen gerührt sind.

Tarif, gestufter Je mehr Kilometer man fährt, desto spürbar billiger wird es. Ein wirklich kundenfreundliches Modell, das schon sehr bald dahingehend erweitert werden soll, daß der Fahrgast bei Fernfahrten von mehr als hundert Kilometern zur Belohnung sein Geld zurück erhält!

Tausendmarkschein Kleiner unfeiner Trick mit großem feinem Geldschein. Es gibt immer noch Fahrgäste, die sich mit der dummen Ausrede „Wenn Sie den nicht wechseln können, kann ich leider nur fünf Mark geben! “ ums Bezahlen drücken wollen. Profitip: Der er-

Tausendmarkschein

fahrene Taxler hält für solche Fälle stets ein paar Blaue unter seinem Toupet versteckt. Schließlich ist er in der Lage, das alte Problem „Wechselgeldverwahrung und drohende Raubüberfälle“ wirklich mit Köpfchen zu lösen.

Taxameter, defektes Vom Schicksal gewollte „Sofortumwandlung“ des Taxis in einen Mietwagen. Es ist allerdings glücklicherweise nicht wahr, daß ein Taxi mit defektem Taxameter nur dann weitergefahren werden darf, wenn zuvor das genormte „Hellelfenbein“ mit Hilfe einer Sprühdose durch z. B. ein neutraleres „Power-Pink“ überdeckt wurde.

Taxi & more Warengutscheinverkauf im Taxi. Die neuste Kreation findiger Marketing-Spezialisten, wenn es darum geht, die mickrigen Fahrgeldeinnahmen mit ein paar cleveren Nebengeschäften aufzubessern. Wir fordern: Laßt uns das Taxigeschäft endlich für das neue Jahrtausend fit machen und zu einem umfassenden Dienstleistungsgewebe umgestalten! Laßt unserer Phantasie Flügel wachsen! Für unsere starken Diesel wäre es doch ein Leichtes, z. B. einen rollenden Kiosk, eine kleine Imbißbude, einen Fitneßraum oder ein gemütliches Pausenhotel hinter sich herzuziehen!

„Taxi bestellt?“ Ehrensache, daß man bei einer Leerfahrt nicht einfach auf ein bestelltes Taxi wartende Leute einlädt und damit seinem Kollegen eine Fehlfahrt beschert, sondern immer zuerst nachfragt: „Wissen Sie, wie der Fahrer heißt, den Sie bestellt haben?“

„Taxidriver“ Kultfilm mit Robert de Niro und Jodie Foster aus den Siebzigern, welcher der ganzen Welt gezeigt hat, daß Taxifahrer im Grunde ihres Herzens nichts anderes sind als Hardcore-Sozialarbeiter auf Rädern.

Taxi & more

Taxiflotte

„Taxifahrer des Jahres“ Alljährlich von der IRU (Internationale Transportunion) vergebener Ehrentitel für Fahrer, die sich neben ihrem aufopfernden Job noch zusätzlich auf besondere Weise um die Menschheit verdient gemacht haben. Hinweis: Der Titel „Taxifahrer des Jahres“ soll in Zukunft nicht weiter vergeben werden, da den Auslobern das alljährliche Drucken von Hunderttausenden von Urkunden einfach zu teuer geworden ist.

Taxiflotte a) Taxifuhrpark mit mehr als fünf Wagen.
b) Taxi bei einer Fahrt in Küstennähe, welches sich von dem Verkehrswarnschild „Achtung, steiles Ufer“ nicht weiter beeindrucken läßt!

Taximesse Regelmäßig stattfindende Taxi-Großveranstaltung in Köln am Rhein, auf welcher der Unternehmer feststellen darf, daß sein erst kürzlich erworbenes Datenfunkgerät bereits reif fürs Taximuseum ist.

Taxirabatt Ca. 15 Prozent Nachlaß auf den Listenpreis eines Modells beim Kauf eines Taxi-Neuwagens. Noch cleverer ist es natürlich, als Privatmann aufzutreten, 20 Prozent Rabatt auszuhandeln und den Wagen in einer kleinen Wochenendaktion eigenhändig mit Farbe und Lackrolle in „Taxi-Hellelfenbein“ umzugestalten!

Taxi-Vermietung Schneller Ersatzfahrzeugbeschaffer, z. B. für den Fall, daß sich das Taxi einmal in der Werkstatt befindet. Anmerkung: Laut einer Statistik des deutschen Taxi-Rent-Verbandes befinden sich folgende Marken besonders häufig in Reparatur: (Leider wurde der Abdruck der Auflistung dem Verlag kurzfristig per gerichtlichem Eilbeschluß untersagt. Beantragt wurde dies von deutschen Automobilherstellern, deren Hauptwerkssitz nicht in Sindelfingen liegt.)

Touristen
TAXI
IST ES NOCH WEIT?

Testbericht

In einer überregionalen Taxi- und Mietwagenzeitschrift regelmäßig erscheinender Report, der natürlich genau dann das absolute, keine Wünsche offen lassende und unglaublich preiswerte Traumtaxi ankündigt, wenn man gerade tags zuvor das neue Modell einer anderen Marke geordert hat, bei der einem bereits nach etwa hundertfünfzigtausend Kilometern Laufleistung die Zylinderköpfe um die Ohren fliegen werden.

Thermoskanne

Taxifahrer-Versorgungstank. Wird im Kofferraum aufbewahrt und am Halteplatz regelmäßig auf Dichtigkeit, korrekte Innentemperatur und auf die Qualität des Inhalts gecheckt.

Touristen

Ortsunkundige Fahrgäste. Werden zuweilen, laut eines bösen Vorurteils gegen unsere Taxifahrer, vom Hauptbahnhof bis zum 800 Meter entfernten Hotel mit mindestens fünf Kilometern Umweg kutschiert.
Wir wissen: Solche Behauptungen sind selbstverständlich purer Blödsinn!
Wir räumen ein: Es soll in der hundertjährigen Geschichte der Droschkendienste tatsächlich einmal vorgekommen sein, daß ein Taxifahrer einem ausländischem Fahrgast die höfliche Smalltalk-Frage „Haben Sie eigentlich schon unsere schöne Stadt kennengelernt?“ gestellt hat und dieser mit *„Oh no, but I will do as soon as possible!“* geantwortet hat. Daraufhin blieb dem Service-bewußtem Fahrer natürlich gar nichts anders übrig, als das Problem sofort in die Hand zu nehmen!

Transferdienste

Unliebsame Konkurrenten (z. B. an Flughäfen), die glauben, auch ohne gültige Konzession Taxifahrer spielen zu dürfen.

Traumauto

Synonym für „Taxi“, dem einzig bekannten Gefährt, dessen Fahrer, ohne auch nur einmal aufzuwachen, ein ganzes Berufsleben lang davon träumt, eines schönen Tages reich und glücklich zu sein.

Treffpunkte Inoffizielle Taxifahrerversammlungsorte an Kiosken und Pommes-Frites-Stationen, an denen man mit seinen lieben Kollegen einmal so richtig ausführlich Politik machen („Die in Bonn sind doch total bekloppt!“), weltwirtschaftliche Themen erörtern („Heute läuft bei mir mal wieder überhaupt nichts!“) und psychologische Analysen erstellen kann („Die Fahrgäste werden immer frecher!“).

Trennscheibe Vollkommen schiefgelaufener Versuch in den sechziger Jahren, bei dem man versucht hat, jene Fahrgäste, die es auf die Tageseinnahmen des Fahrers abgesehen hatten, vorab zum höflichen Anklopfen zu bewegen.

Trinkgeld Für den Taxifahrer aufgrund der Verordnung zum Alkoholkonsum im Straßenverkehr natürlich absolut tabu! Gerne nimmt er allerdings Zigarettengeld, Imbißgeld, Tankgeld und Standzeit-Überbrückungsgeld entgegen.

TÜV Schraubendreherbewaffneter Unterboden-Rostsuchtrupp, der dem Taxler

a) auf besonderen Wunsch gerne bestätigt, daß sich sein Sechziger-Jahre-Heckflossen-Benz in einem topgepflegten Zustand befindet;

b) auch ohne Aufforderung bestätigt, daß das oben erwähnte geliebte Gefährt sich mit an Sicherheit grenzender Wahrscheinlichkeit bei der nächsten vollbesetzten Fahrt von seinem Bodenblech trennen wird, deswegen sofort stillgelegt werden muß, und der Taxler sich am besten einen Kollegen für die Rückfahrt bestellen sollte.

TÜV
SEHR GEPFLEGTE SITZE!
TAXI

Übelkeitstüte
TAXI

U

Übelkeitstüte	Vorhalte-Vorrichtung für Fahrgäste, die mit dem professionellen Fahrstil des Taxifahrers irgendwie nicht zurechtkommen.
überschreiben	Beste Möglichkeit, sich durch die Weitergabe seiner Konzession die finanzielle Grundlage für ein paar Quadratmeter Ackerland auf Mallorca zu schaffen, um sich gerade noch rechtzeitig eine sichere Existenz als spanischer Gemüsebauer aufbauen zu können.
„Uhr ausschalten"	Das **Aus**schalten des Taxameters findet entgegen allen anderslautenden verleumderischen Behauptungen in der Praxis natürlich nicht statt. Allerdings kann einem übermüdeten Nachtfahrer, der seinen kostbaren Schlaf dem Wohle der Menschheit opfert, nicht zum Vorwurf gemacht werden, wenn er das ein oder andere Mal schlichtweg vergißt, die Uhr **ein**zuschalten.
umlegen	a) Ungerechte Verteilung der Hauptlast der Kfz-Steuerschuld auf Taxler, die sich aus Umweltschutzgründen zwei Jahrzehnte lang rührend um den Erhalt ihres Wagens gekümmert haben. b) Heimliche Traumphantasien betroffener Taxiunternehmer in Richtung der für den oben erwähnten Unfug verantwortlichen Politiker.
Umlenkgurt	Geniale Erfindung, welche die Taxifahrer von dem Vorwurf, Kinder unter 150 cm während der Fahrt besonders gerne zu würgen, endgültig befreit.
Unfall mit Blechschaden	Deformativer Beweis, daß es immer noch Amateur-Verkehrsteilnehmer gibt, die nicht darüber informiert sind, daß unser

Berufsbild nicht „Taxi-Bremser“ oder „Taxi-Blinker“ sondern Taxi-Fahrer“ heißt.

Unfall-Set

Unverzichtbares Equipment, das jeder Fahrer stets bei sich führen sollte. Ein vollständiges Unfall-Set beinhaltet unter anderem eine Kamera, um das verzweifelte Herumsuchen des Unfallgegners nach einem Mikrokrätzerchen an der Stoßstange seines Wagens in flagranti dokumentieren zu können. (Für den Fall, daß dieser drei Wochen später mit einem Fahrzeugrahmenschaden im Zehntausend-Mark-Bereich aufwarten sollte.) Weitere wichtige Utensilien sind natürlich ein flexibles Maßband und Ölkreide, die bei größeren Unfällen dem Rettungsdienst wichtige Dienste für die korrekte Zuordnung durcheinandergeratener Gliedmaßen leisten können.

Uniform

Taxifahrer-Einheitslook. Soll Gerüchten zufolge im Interesse eines dauerhaft guten Images des Taxi- und Mietwagengewerbes eingeführt werden, sobald sich der deutsche Bundes-Taxiverband zwischen den beiden schicken Alternativen *Robert-de-Niro-Asphaltcowboy-Look* von Levi Strauss und *Droschkenkutscher-Dreß* von Hugo Boss entschieden hat.

Unternehmerschild

Auf der Beifahrerseite anzubringende Firmenadresse des Betriebsinhabers. Wink mit dem Zaunpfahl an den Fahrgast, daß er sich für alle weitere Fahrten den Umweg-Anruf bei der Zentrale getrost sparen kann.

Uniform
TAXI
TAXI
TAXI COUTUR
TAXI

Verkehrsteilnehmer, andere

V

Verkehrsteilnehmer, andere	Absolute Vollidioten, die offensichtlich ihren Führerschein im Lotto gewonnen haben, ohne das geringste Gespür für den Verkehrsfluß über die Straßen schleichen und zu blöde sind, schwierige und weniger schwierige Verkehrssituationen richtig einzuschätzen. Kurzum: Menschen, die kein Verständnis für die einfache Tatsache haben, daß ein Taxifahrer zum Fahrspurwechsel, Anhalten und Wiederanfahren nun mal keinen Blinker braucht!
Videokamera	Sicherheitsauge, mit dem dafür gesorgt ist, daß nach einem Raubüberfall der Fahrer seine verlorengegangenen Tageseinnahmen durch den Verkauf der Story an einen bekannten Reality-TV-Sender zehnfach wieder hereinbekommt.
vier Uhr nachts	Zeitpunkt der größten Dunkelheit in der Nacht, an dem es durchaus schon einmal passieren kann, daß man beim Wenden die ein oder andere durchgezogene Linie einfach übersieht.
Vollservice	Dienstleistung pur! Die Zukunft gehört solchen Taxiunternehmen, die z. B. nicht nur einfache Hochzeitsfahrten anbieten, sondern auch den dazugehörigen Flitterwochen-Sofortsprint zum nächstgelegenen Flughafen und einen nach neun Monaten in Kraft tretenden Hol- und Bringservice für Babyhygieneartikel mit ins Programm nehmen.
Vorrangschaltung	Vorfahrt für die Straßenbahn. Völlig absurde Idee der öffentlichen Nahverkehrsbetriebe zur Erhöhung ihres Fahrgastaufkommens. Schließlich haben auch die Fußgänger, welche die Straße Richtung Haltestelle überqueren müssen, ständig Rot, so daß sie kaum eine Chance haben, eine der vorbeirauschenden Bah-

nen zu erreichen und sich eh früher oder später für die Fahrt mit einem Taxi entscheiden.

Wagenpflege

Außen: Taxidusche. Um dem Wagen etwas wirklich Gutes zu tun, empfiehlt es sich, das Taxi ausschließlich von Hand mit dem Spezialreiniger „Wash and Go“ zu reinigen.
Innen: Allabendliches Auffinden von aus der Hose gerutschten Schlüsselbunden, gebrauchten Taschentüchern, Brillenetuis und sonstigen gut gemeinten bargeldlosen Trinkgeldern.

Warteliste

Neben der Möglichkeit des Kaufens der etwas andere Weg, zu einer Taxi-Konzession zu gelangen. Profitip: Im Antrag unbedingt vermerken, daß man die Konzession benötigt, bevor man seinen Führerschein wegen Überschreiten der Greisenaltersgrenze freiwillig zurückgibt!

Wartezeit

Pausenzeit bei z. B. roten Ampeln, geschlossenen Schranken oder Staus. Also liebe Kollegen: Schluß mit dem Gejammere über Konjunktureinbruch und schlecht laufende Geschäfte! Schließlich sind wir das einzige Gewerbe der Welt, in der einem die Kundschaft freiwillig 20 bis 30 Mark pro Stunde fürs Nichtstun bezahlt.

WC

Taxifahrer-Bedürfnisanstalt. Kommen je nach Land in verschiedenen Komfortstufen vor. In vielen Städten gibt es speziell für Taxifahrer leider nur jene Sorte WCs, bei denen die Wasserspülung ausschließlich in unregelmäßigen Abständen von Petrus betätigt wird.

Weiterverkauf

Es ist kaum zu glauben: Da bietet man dem Privatkäufer zum Spottpreis ein Fahrzeug an, das nicht nur jede Inspektion

WC
HEY! BESETZT!
TAXI

Wirte
MANGO
TAXi!

mitgemacht und den professionellsten Fahrer aller Zeiten genossen hat, sondern auch wie kein anderer Wagen jeden Tag fleißig geputzt und gewienert wurde, und was ist der Dank?! „Ach Ihr Wagen war ein Taxi! Das nehm' ich nicht, die rechte hintere Tür könnte vielleicht ein bißchen ausgeleiert sein!"

Werbeaufkleber

Die auf den Seitentüren eines Taxis aufklebbare Werbung gibt es in drei Kategorien:

a) das eigene Geschäft fördernde Werbung: z. B. für Saunaclubs, die Provision geben;
b) neutrale Werbung: z. B. für Rasierer, Rasenmäher oder Rohrreinigungsfirmen;
c) weniger geschäftsfördernde Werbung: z. B. für Abschleppdienste, Beerdigungsinstitute und preisgünstige Mietwagenunternehmen.

„Wie wollen wir fahren?"

Servicefrage an Kunden, denen man schon beim Einsteigen an der Nasenspitze ansieht, daß sie statt des kürzesten und preiswertesten Schleichweges lieber die ihnen vertraute, doppelt so lange und teure Streckenführung des Linienbusses kutschiert werden wollen.

Wirbelsäule

Des Taxifahrers geduldige Auffangstation für die „Hubbelitis" unserer Verkehrspolitiker. Tip: Für die Ausgleichsgymnastik am Halteplatz unbedingt mit einem kompetenten Aerobic-Choreographen Kontakt aufnehmen, der einem bei der Umgestaltung der Gesundheitsübungen zu einem publikumswirksamen *Streetdance* beratend zur Seite steht. So kann man sich nämlich zusätzlich zum Verdienst als Fahrer ein paar Mark steuerfrei nebenher verdienen.

Wirte

Beschaffer jener Sorte Fahrgäste, die zuweilen besser über den Liegendtaxi-Ruf 112 befördert werden sollten.

Y/Z

Yellow Cab

Taxi-Schluckspechte aus den USA. Ähneln mit ihrem großem, ausgeschmücktem Innenraum oft eher einem fahrendem Wohnzimmer als einem Auto. Dies ist auch kein Wunder, schließlich sind uns die Amerikaner bereits seit langem auf breiter Front voraus, das Modell „Arbeiten von zu Hause aus" in die Tat umzusetzen!

Zentrale

Sitz der eigentlichen Bosse im Taxigeschäft, die tagtäglich aufs neue darüber entscheiden dürfen, ob man seinen Lebensunterhalt mit der Beförderung von Fahrgästen oder mit dem Ausfüllen von Kreuzwort-Preisrätseln am Halteplatz verdienen darf.

Zuverlässigkeit, persönliche

Eine der Voraussetzungen, um einen Personenbeförderungsschein zu erhalten. Hinweis: Der polizeiliche Nachweis über das erfolgreiche Steuern eines Fluchtautos bei einem Banküberfall wird bei der Überprüfung der persönlichen Zuverlässigkeit leider nicht als Pluspunkt gewertet.

zweite Reihe

Endlich ist es den Taxifahrern hochoffiziell erlaubt, für das Aufnehmen von Fahrgästen in der zweiten Reihe anzuhalten. Hinweis für alle Großstadtdschungel-Taxis: Nach diesem ersten Schritt in die richtige Richtung sollen alsbald Verhandlungen für die praxisnähere dritte und vierte Reihe folgen.

Fröhliche Wörterbücher von A-Z

Bun·des·wehr
TOMUS

Büro [by-ro] ‹ist› ein beliebter Aufenthaltsort für Berufstätige, die dort möglichst ungestört von Urlaub und Freizeit träumen möchten.
TOMUS

bü·ro·kra·teln
TOMUS

Ca·brio fah·ren
TOMUS

Ca·ra·van & Wohn·mo·bil
TOMUS

Che·mi·ker [çemikɐ]
‹sind› Menschen, die jede Zusammensetzung von Stoffen und Molekülen analysieren und sie ändern, wenn sie ihnen nicht paßt.
TOMUS

Com·pu·ter [kom-pju-tər]
Synthetisches Gehirn, das nichts vergißt und blitzschnell reagiert, vorausgesetzt, es wurde von einem natürlichen Gehirn richtig gefüttert.
TOMUS

Com·pu·ter- & Vi·deo·spie·ler
TOMUS

Com·pu·te·ri·tis
‹ist› eine Sucht, die keinen mehr losläßt, der einmal davon befallen worden ist.
TOMUS

Do it your·self
‹ist› die schwierige Kunst, durch eigener Hände Arbeit gelernten Handwerkern den goldenen Boden zu entziehen.
TOMUS

Dra·chen- & Gleit·schirm·flie·gen
TOMUS

E·D·V [e:de:fau]
Abk. für »Elektronische Daten-Verwirranlage«, die immer mehr Menschen in ihren Bann zieht.
TOMUS

Ei·sen·bahn
‹ist› ein traditionsreiches Massenverkehrsmittel, das nie zum alten Eisen gehören wird.
TOMUS

Eis·ho·ckey
TOMUS

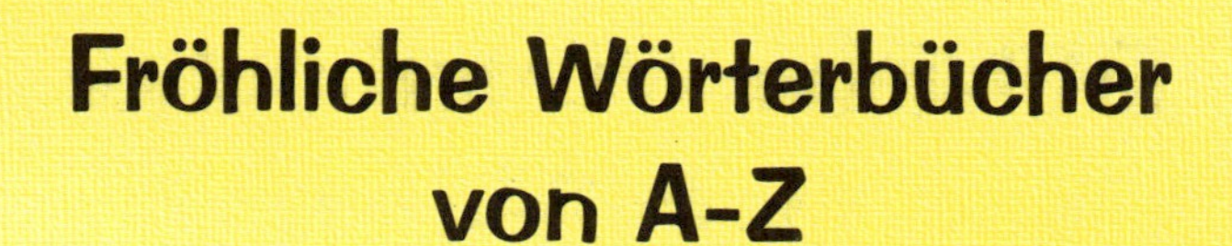
Fröhliche Wörterbücher
von A-Z

El·tern
‹sind› ein Mann und eine Frau, die ihren Kindern – im Idealfall gemeinsam – soviel Liebe zuwenden, wie sie selbst gern zurückbekommen würden.
TOMUS

Fall·schirm·springen
TOMUS

fau·len·zen [fauləntsn]
‹ist› die Kunst, jede Möglichkeit zum Müßiggang konsequent zu nutzen und dennoch zu Geld oder Ansehen zu gelangen.

Fe·ste & Par·tys
TOMUS

Feu·er·wehr
‹ist› eine Gemeinschaft mutiger Männer und Frauen, die den Einsatz am liebsten nur üben – und doch darauf brennen, sich im Ernstfall bewähren zu können.
TOMUS

Fit·ness [fitnes]
‹ist› der schweißtreibende Versuch, sich so lange freiwillig abzustrampeln, bis man am gewünschten Ziel ist, z. B. dem Idealgewicht.
TOMUS

Ford fah·ren [fɔrt fa:rn]
TOMUS

Formel 1
Mo·tor·sport
TOMUS

fo·to·gra·fie·ren
TOMUS

Frau·en [fraun]
TOMUS

Freund·schaft
TOMUS

Fußball-Fan
Ohne ihn läuft im Stadion und beim Fernsehen überhaupt nichts.
TOMUS

Fuß·ball [fuːsbal]
TOMUS

gär·teln [ˈgɛrtln]
‹ist› die Kunst, Unkraut und Schädlinge zu vertilgen, um Blumen und Früchte für Vögel und andere Schmarotzer großzuziehen.
TOMUS

Geld ver·die·nen
TOMUS

Ge·sund·heits·(un)·we·sen
TOMUS

Ge·werk·schaft·ler
TOMUS

gol·fen [gɔlfn]
‹ist› die Kunst, auf 18 viel zu langen Bahnen mit 14 ungeeigneten Schlägern einen viel zu kleinen Ball in ein winziges Loch zu spielen.
TOMUS

Gra·fi·ker [gra:fikɐ]
‹sind› kreative Geister, die mit ihrer Kunst nie am Ende sind.
TOMUS

Groß·mut·ter
TOMUS

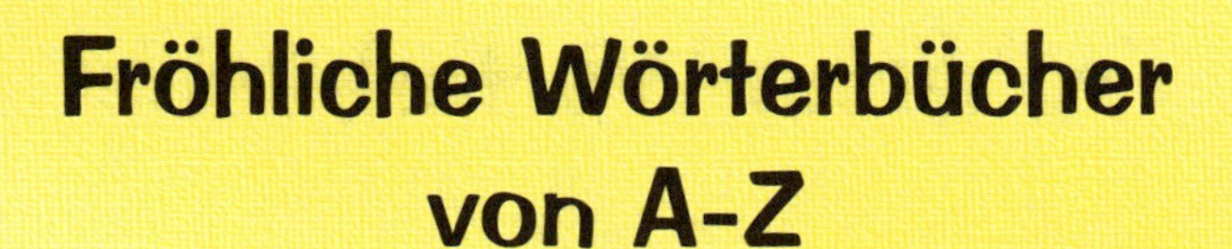
Fröhliche Wörterbücher
von A-Z

grü·nen & blü·hen
TOMUS

Hand·ball [hant'bal]
TOMUS

Ho·tel & Gast·stät·te
TOMUS

Hun·de [hundə]
TOMUS

In·ge·nieu·re
TOMUS

In-Line-Ska·ting
TOMUS

Fröhliche Wörterbücher von A-Z

Fröhliche Wörterbücher von A-Z

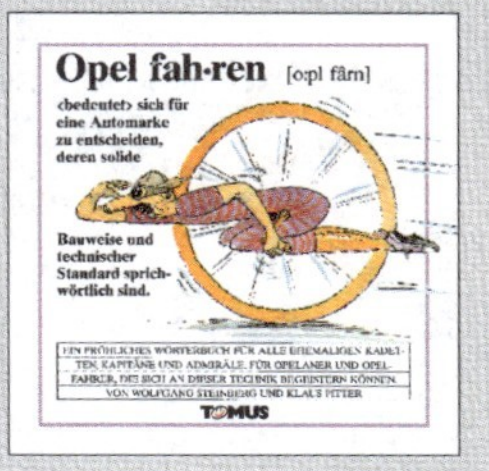

Fröhliche Wörterbücher von A-Z

Fröhliche Wörterbücher von A-Z